PAROLES
Selected Poems

JACQUES PRÉVERT

Translated by
LAWRENCE FERLINGHETTI

Pocket Poets Series No. 9

City Lights Books
San Francisco

Copyright ©1949 by Librairie Gallimard
Translation copyright ©1958 by Lawrence Ferlinghetti

First published by City Lights Books in 1958

First City Lights bilingual edition published in 1990

Library of Congress Catalog Number: 56-8586

ISBN: 978-0-87286-042-1

*Cover photo of Jacques Prévert and boy in the Jardin des
Plantes, Paris, by Izis.
Courtesy of Le Musée Pompidou.*

Visit our website: www.citylights.com

CITY LIGHTS BOOKS are edited by Lawrence Ferlinghetti and
Nancy J. Peters and published at the City Lights Bookstore,
261 Columbus Avenue, San Francisco, CA 94133.

TRANSLATOR'S NOTE

I first came upon the poetry of Jacques Prévert written on a paper tablecloth in St. Brieuc in 1944. This so romantic, sentimental circumstance is no doubt at the root of my effort to perpetrate Prévert upon England and America. Bits and pieces of Prévert's poetry have been published in anthologies and periodicals in English, and I have surveyed most of them with a watering eye. Generally, he has suffered atrociously from constipated translation and trivial choice of poems. And the poem on the paper tablecloth is perhaps as typical of the way Prévert got around in France in the mid-forties as it is of his poetry itself — a poetry (his worst critics will tell you) which is perfectly suited to paper tablecloths, and existing always on as fine a line between sentiment and sentimentality as any that Charlie Chaplin ever teetered on.

What Prévert may mean to us is naturally quite a different thing than what he has meant to the French. Many of the poems in PAROLES grew out of World War II and the Occupation in France, and it is plain that "paroles" means both Words and Passwords. Prévert spoke particularly to the French youth immediately after the War, especially to those who grew up during the Occupation and felt totally estranged from Church and State. Since then we have had our own kind of resistance movement in our writers of dissent — dissent from the official world of the upper middleclass ideal and the White Collar delusion and various other systemized tribal insanities. Prévert was saying it in the Thirties. Prévert is one of those who holds on to your sleeve and says: "Don't go for it...keep out of it." At his best he simply shows you something and lets you draw your own conclusions. At his worst he draws them for you with too maudlin a touch, as in "Human Effort" which begins wonderfully with what the eye sees:

> Human effort
> is not this handsome smiling young man
> standing on his leg of plaster
> or of stone
> and giving by grace of the puerile artifices of statuary
> the imbecile illusion
> of the joy of the dance and of jubilation
> evoking with his other leg in air
> the sweet joy of returning home
> No
> human effort doesn't carry a small child on its right shoulder
> another on its head
> and a third on its left shoulder
> with his tools in a sling
> and a happy young woman hanging on his arm....

But he goes on to tell what human effort really is, and we are treated to tritenesses about the low-salaried proletariat which at least discouraged this translator from finishing the poem. Perhaps, unhappily, such observations are still not trite in France, while we look down upon them from our too well-fed heights, as complacent as any cochon Prévert attacks.

He was born in 1900. In the late Forties, the French critic Gaëton Picon wrote that Prévert was "the only authentic poet who, up to the present time, has known how to break through the limits of a more-or-less specialized public." Prévert (as Picon put it) is the voice of the wise street-urchin — precocious, mocking, bitter, dupe of nothing and no one. He is even compared to Daumier for the way he unmasks and deflates judges, generals, presidents, popes and academicians — all those he thinks keep us from joy. Man is destined for joy but there's a permanent conspiracy against it. Prévert always denounces the conspiracy.

Today that is no longer enough, and I for one would have liked Prévert to go much, much further in his denunciations, as many younger poets now have. It would seem that the enormous success of PAROLES (seven hundred thousand copies in print) went to the wrong part of his head. In his later books, instead of becoming more profound, he allowed his naturally cinematic eye too easy a passage over the still-astounding surface of the world. While below the surface others began digging a world the most omnivorous eye could never reach.

There are those who have always considered Prévert no more than a Surrealist clown, with (as one American poet has said): "a tinpanalley ear for a cadence, and the cheapest mind this side of Hollywood, with the least integrity, and the most eagerness to fake and crib and puff himself up." And he is finally put down by today's poets and critics for committing the cardinal crime of too much clarity in a world whose very Absurdity (Cf. Camus' *Myth of Sisyphus*) Absurdly cries for an expression of that Absurdity in all its arts.

Still there are many so-called poets around these days who have need of such a seeing-eye dog in the street. Prévert remains a great "see-er" if not a great seer. He writes as one talks while walking, and "la poésie est dans la démarche." His ubiquitous eye enumerates the ordinary world with a "movement transfigurateur." In this there is some superficial reason for calling Prévert the Picasso of modern French poetry, and Prévert's "La Crosse en l'Air," centered upon the Spanish Civil War, parallels Picasso's "Guernica." And, of these two works, I for one prefer Prévert's.

The poems herein comprise nearly half of the complete PAROLES. There are certain early long poems upon which his original reputation was founded in the Thirties (notably "La Crosse en l'Air," "Souvenir de Famille," and "Tentative de Description d'un Diner de Têtes à Paris-France") which should be here, but they are especially loaded with *jeu de mots* impossible to translate and outdated topical allusions impossible to explain. They remain better in French than in any English version, which may be said of all the poems here. A poem can be finished, a translation only abandoned. . . . We tend to forget that English is not a Romance language. . . .

I translated these poems for fun some 40 years ago. They're still worth it. They're still as alive and relevant as the day they were written.

— Lawrence Ferlinghetti
San Francisco, 1990

Thanks are offered to the following for their aid and information in the preparation of this volume: Marie Ponsot, Jeanne Burrous, Henri Marie-Rose, Blanche A. Price, Mary Lapsley, Richard McBride, and Gérard Cleisz.

CONTENTS
(The order of the poems follows that of the original edition)

PAROLES

LA BELLE SAISON

A jeun perdue glacée
Toute seule sans un sou
Une fille de seize ans
Immobile debout
Place de la Concorde
A midi le Quinze Août.

LA BELLE SAISON

Starved lost frozen
Alone without a cent
A girl of sixteen
Standing still
Place de la Concorde
At noon August Fifteenth

ALICANTE

Une orange sur la table
Ta robe sur le tapis
Et toi dans mon lit
Doux présent du présent
Fraîcheur de la nuit
Chaleur de ma vie.

ALICANTE

An orange on the table
Your dress on the rug
And you in my bed
Sweet present of the present
Cool of night
Warmth of my life.

J'EN AI VU PLUSIEURS...

J'en ai vu un qui s'était assis sur le chapeau d'un autre
il était pâle
il tremblait
il attendait quelque chose... n'importe quoi...
la guerre... la fin du monde...
il lui était absolument impossible de faire un geste ou
    de parler
et l'autre
l'autre qui cherchait "son" chapeau était plus pâle
    encore
et lui aussi tremblait
et se répétait sans cesse:
mon chapeau... mon chapeau...
et il avait envie de pleurer.
J'en ai vu un qui lisait les journaux
j'en ai vu un qui saluait le drapeau
j'en ai vu un qui était habillé de noir
il avait une montre
une chaîne de montre
un porte-monnaie
la légion d'honneur
et un pince-nez.
J'en ai vu un qui tirait son enfant par la main
    et qui criait...
j'en ai vu un avec un chien
j'en ai vu un avec une canne à épée
j'en ai vu un qui pleurait
j'en ai vu un qui entrait dans une église
j'en ai vu un autre qui en sortait...

I'VE SEEN SOME OF THEM

I saw one of them sitting on another's hat
he was pale
he trembled
he was waiting for something . . . no matter what . . .
war . . . the end of the world . . .
it was absolutely impossible for him to make a sign
or to speak
and the other
the other hunting "his" hat was paler still
and he also trembled
and repeated to himself endlessly:
my hat . . . my hat . . .
and he wanted to cry.
I saw one of them reading the papers
i saw one of them saluting the flag
i saw one of them dressed in black
he had a watch
a watch chain
a wallet
the legion of honor
and nose-glasses.
I saw one of them dragging his child by the hand
and shouting . . .
i saw one of them with a dog
i saw one of them with a sword in a cane
i saw one of them crying
i saw one of them enter a church
i saw another come out . . .

PATER NOSTER

Notre Père qui êtes aux cieux
Restez-y
Et nous nous resterons sur la terre
Qui est quelquefois si jolie
Avec ses mystères de New York
Et puis ses mystères de Paris
Qui valent bien celui de la Trinité
Avec son petit canal de l'Ourcq
Sa grande muraille de Chine
Sa rivière de Morlaix
Ses bêtises de Cambrai
Avec son océan Pacifique
Et ses deux bassins aux Tuileries
Avec ses bons enfants et ses mauvais sujets
Avec toutes les merveilles du monde
Qui sont là
Simplement sur la terre
Offertes à tout le monde
Éparpillées
Émerveillées elles-mêmes d'être de telles merveilles
Et qui n'osent se l'avouer
Comme une jolie fille nue qui n'ose se montrer
Avec les épouvantables malheurs du monde
Qui sont légion
Avec leurs légionnaires
Avec leurs tortionnaires
Avec les maîtres de ce monde

PATER NOSTER

Our Father who art in heaven
Stay there
And we'll stay here on earth
Which is sometimes so pretty
With its mysteries of New York
And its mysteries of Paris
Worth as much as that of the Trinity
With its little canal at Ourcq
Its great wall of China
Its river at Morlaix
Its candy canes
With its Pacific Ocean
And its two basins in the Tuileries
With its good children and bad people
With all the wonders of the world
Which are here
Simply on the earth
Offered to everyone
Strewn about
Wondering at the wonder of themselves
And daring not avow it
As a naked pretty girl dares not show herself
With the world's outrageous misfortunes
Which are legion
With their legionaries
With their torturers
With the masters of this world

Les maîtres avec leurs prêtres leurs traîtres et leurs
reîtres
Avec les saisons
Avec les années
Avec les jolies filles et avec les vieux cons
Avec la paille de la misère pourrissant dans l'acier des
canons.

The masters with their priests their traitors and their troops
With the seasons
With the years
With the pretty girls and with the old bastards
With the straw of misery rotting in the steel
of cannons.

RUE DE SEINE

Rue de Seine dix heures et demie
le soir
au coin d'une autre rue
un homme titube...un homme jeune
avec un chapeau
un imperméable
une femme le secoue...
elle le secoue
et elle lui parle
et il secoue la tête
son chapeau est tout de travers
et le chapeau de la femme s'apprête à tomber en arrière
ils sont très pâles tous les deux
l'homme certainement a envie de partir...
de disparaître...de mourir...
mais la femme a une furieuse envie de vivre
et sa voix
sa voix qui chuchote
on ne peut pas ne pas l'entendre
c'est une plainte...
un ordre...
un cri...
tellement avide cette voix...
et triste
et vivante...
un nouveau-né malade qui grelotte sur une tombe
dans un cimetière l'hiver...
le cri d'un être les doigts pris dans la portière...
une chanson

RUE DE SEINE

Rue de Seine half past ten
at night
on the corner of another street
a man staggers...a young man
with a hat
a raincoat
a woman shakes him...
she shakes him
and speaks to him
and he shakes his head
his hat is all askew
and the woman's hat is about to fall off backwards
they are very pale both of them
the man certainly wants to get away
to disappear...to die...
but the woman has a furious desire to live
and her voice
her whispering voice
one cannot not hear it
it's a moan...
an order...
a cry...
so eager this voice
and sad
and living...
a sick newborn shivering on a tomb
in a winter cemetery...
the cry of a creature with fingers caught in a door
a song

une phrase
toujours la même
une phrase
répétée...
sans arrêt
sans réponse...
l'homme la regarde ses yeux tournent
il fait des gestes avec les bras
comme un noyé
et la phrase revient
rue de Seine au coin d'une autre rue
la femme continue
sans se lasser...
continue sa question inquiète
plaie impossible à panser
Pierre dis-moi la vérité
Pierre dis-moi la vérité
je veux tout savoir
dis-moi la vérité...
le chapeau de la femme tombe
Pierre je veux tout savoir
dis-moi la vérité...
question stupide et grandiose
Pierre ne sait que répondre
il est perdu
celui qui s'appelle Pierre...
il a un sourire que peut-être il voudrait tendre
et répète
Voyons calme-toi tu es folle
mais il ne croit pas si bien dire
mais il ne voit pas
il ne peut pas voir comment

a sentence
always the same
a sentence
repeated...
without end
without answer...
the man looks at her his eyes turn away
he makes motions with his arms
like a drowning man
and the sentence comes back
rue de Seine at the corner of another street
the woman continues
untiring...
continues her unquiet question
wound impossible to dress
Pierre tell me the truth
Pierre tell me the truth
I want to know all
tell me the truth...
the woman's hat falls
Pierre I want to know all
tell me the truth...
stupid and grandiose question
Pierre doesn't know what to answer
he's lost
he who's called Pierre...
He has a smile that perhaps he wishes were tender
and repeats
come on calm down you're crazy
but he doesn't know how right he is
but he doesn't see
he can't see just how

sa bouche d'homme est tordue par son sourire...
il étouffe
le monde se couche sur lui
et l'étouffe
il est prisonnier
coincé par ses promesses...
on lui demande des comptes...
en face de lui...
une machine à compter
une machine à écrire des lettres d'amour
une machine à souffrir
le saisit...
s'accroche à lui...
Pierre dis-moi la vérité.

his man's mouth is twisted with his smile...
he's choking
the world lies on top of him
and suffocates him
he's prisoner
cornered by his promises...
he's called to account...
facing him...
an accounting machine
a love-letter writing machine
a suffering machine
seizes him...
hangs on him...
Pierre tell me the truth.

LE CANCRE

Il dit non avec la tête
mais il dit oui avec le cœur
il dit oui à ce qu'il aime
il dit non au professeur
il est debout
on le questionne
et tous les problèmes sont posés
soudain le fou rire le prend
et il efface tout
les chiffres et les mots
les dates et les noms
les phrases et les pièges
et malgré les menaces du maître
sous les huées des enfants prodiges
avec des craies de toutes les couleurs
sur le tableau noir du malheur
il dessine le visage du bonheur

THE DUNCE

He says no with his head
but he says yes with his heart
he says yes to what he loves
he says no to the teacher
he stands
he is questioned
and all the problems are posed
sudden mad laughter seizes him
and he erases all
the words and figures
names and dates
sentences and snares
and despite the teacher's threats
to the jeers of infant prodigies
with chalk of every color
on the blackboard of misfortune
he draws the face of happiness.

FLEURS ET COURONNES

Homme
Tu as regardé le plus triste la plus morne de toutes
    les fleurs de la terre
Et comme aux autres fleurs tu lui as donné un nom
Tu l'as appelée Pensée.
Pensée
C'était comme on dit bien observé
Bien pensé
Et ces sales fleurs qui ne vivent ni ne se fanent jamais
Tu les as appelées immortelles...
C'était bien fait pour elles...
Mais le lilas tu l'as appelé lilas
Lilas c'était tout à fait ça
Lilas... Lilas...
Aux marguerites tu as donné un nom de femme
Ou bien aux femmes tu as donné un nom de fleur
C'est pareil.
L'essentiel c'était que ce soit joli
Que ça fasse plaisir...
Enfin tu as donné les noms simples à toutes les fleurs
    simples
Et la plus grande la plus belle
Celle qui pousse toute droite sur le fumier de la misère
Celle qui se dresse à côté des vieux ressorts rouillés
A côté des vieux chiens mouillés
A côté des vieux matelas éventrés
A côté des baraques de planches où vivent les sous-
    alimentés
Cette fleur tellement vivante

FLOWERS AND WREATHES

Man
You beheld the saddest the dreariest of all the flowers of
    the earth
And as with other flowers you gave it a name
You called it Thought.
Thought
It was as they say well observed
Well thought
And these foul flowers which neither live nor ever fade
You called them immortal...
That served them well...
But the lilac you called lilac
Lilac it was exactly that
Lilac...Lilac...
To the daisies you gave a woman's name
Or else to women you gave the name of a flower
It's the same.
The main thing was that it be pretty
That it give pleasure...
Finally you gave simple names to all the simple flowers
And the tallest the most beautiful
The one that sprouts straight up out of the manure of misery
The one that stands up next to old rusty springs
Next to old damp dogs
Next to old gutted mattresses
Next to the shacks where the undernourished live
This flower so alive

Toute jaune toute brillante
Celle que les savants appellent Hélianthe
Toi tu l'as appelée soleil
. . . Soleil . . .
Hélas! hélas! hélas et beaucoup de fois hélas!
Qui regarde le soleil hein?
Qui regarde le soleil?
Personne ne regarde plus le soleil
Les hommes sont devenus ce qu'ils sont devenus
Des hommes intelligents . . .
Une fleur cancéreuse tubéreuse et méticuleuse à leur
      boutonnière
Ils se promènent en regardant par terre
Et ils pensent au ciel
Ils pensent . . . ils pensent . . . ils n'arrêtent pas de penser . . .
Ils ne peuvent plus aimer les véritables fleurs vivantes
Ils aiment les fleurs fanées les fleurs séchées
Les immortelles et les pensées
Et ils marchent dans la boue des souvenirs dans la boue
      des regrets . . .
Ils se traînent
A grand-peine
Dans les marécages du passé
Et ils traînent . . . ils traînent leurs chaînes
Et ils traînent les pieds au pas cadencé . . .
Ils avancent à grand-peine
Enlisés dans leurs champs-élysées
Et ils chantent à tue-tête la chanson mortuaire
Oui ils chantent
A tue-tête

All yellow all brilliant
The one the learned call Helianthus
You you called it sun
...Sun...
Alas! alas! and lots of times alas!
Who looks at the sun eh?
Who looks at the sun?
Nobody looks at the sun anymore
Men have become what they've become
Intelligent men...
A cancerous tuberous meticulous flower in their buttonhole
They walk around looking at the ground
And they think of heaven
They think...they think...they don't stop thinking
They can't love real living flowers anymore
They love faded flowers dried flowers
Immortals and thoughts
And they walk in the mire of memories in the muck
        of regrets...
They drag themselves along
With great difficulty
In the swamps of the past
And they drag...they drag their chains
And they drag their feet in step
They advance with great difficulty
Bogged down in their Elysian fields
And they sing funeral songs at the top of their voice
Yes they sing
At the top of their voice

Mais tout ce qui est mort dans leur tête
Pour rien au monde ils ne voudraient l'enlever
Parce que
Dans leur tête
Pousse la fleur sacrée
La sale maigre petite fleur
La fleur malade
La fleur aigre
La fleur toujours fanée
La fleur personnelle...
...La pensée...

But they wouldn't root out for anything
All that's dead in their head
Because
In their head
Sprouts the sacred flower
The thin little filthy flower
The sick flower
The bitter flower
The always faded flower
The personal flower . . .
 . . . Thought . . .

LE RETOUR AU PAYS

C'est un Breton qui revient au pays natal
Après avoir fait plusieurs mauvais coups
Il se promène devant les fabriques à Douarnenez
Il ne reconnaît personne
Personne ne le reconnaît
Il est très triste.
Il entre dans une crêperie pour manger des crêpes
Mais il ne peut pas en manger
Il a quelque chose qui les empêche de passer
Il paye
Il sort
Il allume une cigarette
Mail il ne peut pas la fumer.
Il y a quelque chose
Quelque chose dans sa tête
Quelque chose de mauvais
Il est de plus en plus triste
Et soudain il se met à se souvenir:
Quelqu'un lui a dit quand il était petit
"Tu finiras sur l'échafaud"
Et pendant des années
Il n'a jamais osé rien faire
Pas même traverser la rue
Pas même partir sur la mer
Rien absolument rien
Il se souvient
Celui qui avait tout prédit c'est l'oncle Grésillard
L'oncle Grésillard qui portait malheur à tout le monde
La vache!

HOMECOMING

A Breton returns to his birthplace
After having pulled off several fast deals
He walks in front of the factories at Douarnenez
He recognizes nobody
Nobody recognizes him
He is very sad.
He goes into a *crêpe* shop to eat some *crêpes*
But he can't eat any
There's something that keeps him from swallowing
He pays
He goes out
He lights a cigarette
But he can't smoke it.
There's something
Something in his head
Something bad
He gets sadder and sadder
And suddenly he begins to remember:
Somebody told him when he was little
"You'll end up on the scaffold"
And for years
He never dared do anything
Not even cross the street
Not even go to sea
Nothing absolutely nothing.
He remembers.
The one who'd predicted everything was Uncle Grésillard
Uncle Grésillard who brought everybody bad luck
The swine!

Et le Breton pense à sa sœur
Qui travaille à Vaugirard
A son frère mort à la guerre
Pense à toutes les choses qu'il a vues
Toutes les choses qu'il a faites.
La tristesse se serre contre lui
Il essaie une nouvelle fois
D'allumer une cigarette
Mais il n'a pas envie de fumer
Alors il décide d'aller voir l'oncle Grésillard.
Il y va
Il ouvre la porte
L'oncle ne le reconnaît pas
Mais lui le reconnaît
Et il lui dit:
    "Bonjour oncle Grésillard"
Et puis il lui tord le cou.
Et il finit sur l'échafaud à Quimper
Après avoir mangé deux douzaines de crêpes
Et fumé une cigarette.

And the Breton thinks of his sister
Who works at Vaugirard,
Of his brother killed in the War
Thinks of all the things he's seen
All the things he's done.
Sadness grips him
He tries again
To light a cigarette
But he doesn't feel like smoking
So then he decides to go see Uncle Grésillard.
He goes
He opens the door
Uncle doesn't recognize him
But he recognizes him
And he says to him:
"Good morning Uncle Grésillard"
And then he wrings his neck
And he ends up on the scaffold at Quimper.
After having eaten two dozen *crêpes*
And smoked a cigarette.

LE TEMPS DES NOYAUX

Soyez prévenus vieillards
soyez prévenus chefs de famille
le temps où vous donniez vos fils à la patrie
comme on donne du pain aux pigeons
ce temps-là ne reviendra plus
prenez-en votre parti
c'est fini
le temps des cerises ne reviendra plus
et le temps des noyaux non plus
inutile de gémir
allez plutôt dormir
vous tombez de sommeil
votre suaire est fraîchement repassé
le marchand de sable va passer
préparez vos mentonnières
fermez vos paupières
le marchand de gadoue va vous emporter
c'est fini les trois mousquetaires
voici le temps des égoutiers

Lorsque avec un bon sourire dans le métropolitain
poliment vous nous demandiez
deux points ouvrez les guillemets
descendez-vous à la prochaine
jeune homme
c'est de la guerre dont vous parliez
mais vous ne nous ferez plus le coup du père Français
non mon capitaine

HARD TIMES

Be forewarned you old guys
be forewarned you heads of families
the time when you gave your sons to the country
as one gives bread to pigeons
that time won't come again
resign yourself to it
it's over
cherry blossom time won't come again
nor cherry-stone time either
useless to moan about it
go to sleep instead
you're falling asleep
your shroud is freshly pressed
the sandman is coming
adjust your chin-straps
close your eyelids
the scavenger's coming to carry you away
it's over the three musketeers
now's the sewerman's time

The time when with a big smile in the subway
you asked us politely
two dots open quotes
are you getting off at the next stop
young man
it was the war you were talking about
but you won't be giving us the fatherly patriotic treatment
                                        anymore

no my captain

non monsieur un tel
non papa
non maman
nous ne descendrons pas à la prochaine
ou nous vous descendrons avant
on vous foutra par la portière
c'est plus pratique que le cimetière
c'est plus gai
plus vite fait
c'est moins cher

Quand vous tiriez à la courte paille
c'était toujours le mousse qu'on bouffait
mais le temps des joyeux naufrages est passé
lorsque les amiraux tomberont à la mer
ne comptez pas sur nous pour leur jeter la bouée
à moins qu'elle ne soit en pierre
ou en fer à repasser
il faut en prendre votre parti
le temps des vieux vieillards est fini

Lorsque vous reveniez de la revue
avec vos enfants sur vos épaules
vous étiez saouls sans avoir rien bu
et votre moelle épinière
faisait la folle et la fière
devant la caserne de la Pépinière
vous travailliez de la crinière
quand passaient les beaux cuirassiers
et la musique militaire
vous chatouillait de la tête aux pieds
vous chatouillait

no Mister Such and Such
no papa
no mama
we're not getting off at the next stop
unless we put you off ahead of us
we'll throw you out the door
it's more practical than the graveyard
it's gayer
quicker
cheaper

Whenever you drew straws
it was always the ship's boy you dined upon
but the time of joyous sinkings is past
when admirals fall at sea
don't count on us to throw them the lifebuoy
at least unless it's made of stone
or of flatiron
resign yourself to it
the time of the old old men is over

The time when you came back from the dress parade
with your children on your shoulders
you were drunk without having drunk anything
and your spinal cord
pranced with pride and joy
in front of the army barracks
your head went haywire
when the handsome horse-guards passed
and the military music
tickled you from head to toe
tickled you

et les enfants que vous portiez sur vos épaules
vous les avez laissés glisser dans la boue tricolore
dans la glaise des morts
et vos épaules se sont voûtées
il faut bien que jeunesse se passe
vous l'avez laissée trépasser

Hommes honorables et très estimés
dans votre quartier
vous vous rencontrez
vous vous congratulez
vous vous coagulez
hélas hélas chez Monsieur Babylas
j'avais trois fils et je les ai donnés
à la patrie
hélas hélas cher Monsieur de mes deux
moi je n'en ai donné que deux
on fait ce qu'on peut
ce que c'est que de nous...
avez-vous toujours mal aux genoux
et la larme à l'œil
la fausse morve de deuil
le crêpe au chapeau
les pieds bien au chaud
les couronnes mortuaires
et l'ail dans le gigot
vous souvenez-vous de l'avant-guerre
les cuillères à absinthe les omnibus à chevaux
les épingles à cheveux
les retraites aux flambeaux
ah que c'était beau
c'était le bon temps

and the kids you carried on your shoulders
you let them slide off into the tricolored mud
into the clay of the dead
and your shoulders became bowed
youth must pass by
you let it die

Honorable and highly respected men
in your neighborhood
you meet each other
you congratulate each other
you clot together
alas alas dear Mister Babylas
I had three sons and I gave them
to the country
alas alas dear Mister of my two
me I gave only two
one does what one can
what do they expect of us
do you still have pain in the knees
and a tear in the eye
the false snot of mourning
a black band on the hat
feet nice and warm
funeral wreathes
and the garlic in the mutton
you remember before the War
the absinthe spoons the horse carriages
the hairpins
the torchlight retreats
ah how wonderful it was
those were the good old days

Bouclez-la vieillards
cessez de remuer votre langue morte
entre vos dents de faux ivoire
le temps des omnibus à cheveux
le temps des épingles à chevaux
ce temps-là ne reviendra plus
à droite par quatre
rassemblez vos vieux os
le panier à salade
le corbillard des riches est avancé
fils de saint Louis montez au ciel
la séance est terminée
tout ce joli monde se retrouvera là-haut
près du bon dieu des flics
dans la cour du grand dépôt

En arrière grand-père
en arrière père et mère
en arrière grands-pères
en arrière vieux militaires
en arrière les vieux aumôniers
en arrière les vieilles aumônières
la séance est terminée
maintenant pour les enfants
le spectacle va commencer.

Shut up greybeards
stop running your dead tongue
between your false ivory teeth
the time of hair carriages
the time of horse pins
that time won't come again
right by fours
muster your old bones
the paddywagon
the hearse of the rich is coming
sons of Saint Louis rise up to heaven
the performance is over
this whole pretty world will get together again up there
near the Good Lord of Cops
in the yard of the Hall of Justice

To the rear grandfather
to the rear father and mother
to the rear grandfathers
to the rear Old Soldiers
to the rear old chaplains
to the rear old money bags
the performance is over
now for the kids
the show's about to begin

LA GRASSE MATINÉE

Il est terrible
le petit bruit de l'œuf dur cassé sur un comptoir d'étain
il est terrible ce bruit
quand il remue dans la mémoire de l'homme qui a faim
elle est terrible aussi la tête de l'homme
la tête de l'homme qui a faim
quand il se regarde à six heures du matin
dans la glace du grand magasin
une tête couleur de poussière
ce n'est pas sa tête pourtant qu'il regarde
dans la vitrine de chez Potin
il s'en fout de sa tête l'homme
il n'y pense pas
il songe
il imagine une autre tête
une tête de veau par exemple
avec une sauce de vinaigre
ou une tête de n'importe quoi qui se mange
et il remue doucement la mâchoire
doucement
et il grince des dents doucement
car le monde se paye sa tête
et il ne peut rien contre ce monde
et il compte sur ses doigts un deux trois
un deux trois
cela fait trois jours qu'il n'a pas mangé
et il a beau se répéter depuis trois jours
Ça ne peut pas durer

LAZY MORNING

It's terrible
the faint sound
of a hardboiled egg cracked on a tin counter
it's terrible this noise
whenitstirsinthememoryofamanwho'shungry
also terrible is the head of the man
the head of the man who's hungry
when he looks at himself at six in the morning
in the mirror of a big store
a head the color of dust
it's not his head however which he looks at
in the window of *Chez Potin*
he doesn't give a damn for his head
he doesn't think of it
he dreams
he imagines another head
a calf's head for instance
with vinegar sauce
or a head of no matter what that's edible
and he moves his jaw gently
gently
and he grinds his teeth gently
because the world pays for its head
and he can't do anything against this world
and he counts on his fingers one two three
one two three
that makes three days he hasn't eaten
useless to repeat to himself Three Days
It can't last

ça dure
trois jours
trois nuits
sans manger
et derrière ces vitres
ces pâtés ces bouteilles ces conserves
poissons morts protégés par les boîtes
boîtes protégées par les vitres
vitres protégées par les flics
flics protégés par la crainte
que de barricades pour six malheureuses sardines . . .
Un peu plus loin le bistro
café-crème et croissants chauds
l'homme titube
et dans l'intérieur de sa tête
un brouillard de mots
un brouillard de mots
sardines à manger
œuf dur café-crème
café arrosé rhum
café-crèime
café-crème
café-crime arrosé sang! . . .
Un homme très estimé dans son quartier
a été égorgé en plein jour
l'assassin le vagabond lui a volé
deux francs
soit un café arrosé
zéro franc soixante-dix
deux tartines beurrées

it lasts
three days
three nights
without eating
and behind these windowpanes
patés bottles preserves
dead fish protected by their cans
cans protected by windowpanes
windowpanes protected by cops
cops protected by fear
what barricades for six unhappy sardines...
A little further on the café
coffee with cream and hot rolls
the man staggers
and inside his head
a fog of words
A haze of words
sardines to eat
hardboiled egg coffee with cream
coffee watered with rum
coffee with cream
coffee with cream
coffee with crime watered with blood...
A man highly esteemed in his neighborhood
has had his throat cut in full daylight
the assassin the bum stole two francs
from him
or one watered coffee
zero francs sixty-five centimes
two pieces of bread and butter

et vingt-cinq centimes pour le pourboire du garçon.
Il est terrible
le petit bruit de l'œuf dur cassé sur un comptoir d'étain
il est terrible ce bruit
quand il remue dans la mémoire de l'homme qui a faim.

and twenty-five centimes for the tip
It's terrible
the faint sound of a hardboiled egg
cracked on a tin counter
it's terrible this noise
when it stirs in the memory
of a man who's hungry.

FAMILIALE

La mère fait du tricot
Le fils fait la guerre
Elle trouve ça tout naturel la mère
Et le père qu'est-ce qu'il fait le père?
Il fait des affaires
Sa femme fait du tricot
Son fils la guerre
Lui des affaires
Il trouve ça tout naturel le père
Et le fils et le fils
Qu'est-ce qu'il trouve le fils?
Il ne trouve rien absolument rien le fils
Le fils sa mère fait du tricot son père des affaires lui la
     guerre
Quand il aura fini la guerre
Il fera des affaires avec son père
La guerre continue la mère continue elle tricote
Le père continue il fait des affaires
Le fils est tué il ne continue plus
Le père et la mère vont au cimetière
Ils trouvent ça naturel le père et la mère
La vie continue la vie avec le tricot la guerre les affaires
Les affaires la guerre le tricot la guerre
Les affaires les affaires et les affaires
La vie avec le cimetière.

FAMILIAL

The mother does knitting
The son fights the war
She finds this quite natural the mother
And the father what does he do the father?
He does business
His wife does knitting
His son the war
He business
He finds this quite natural the father
And the son and the son
What does the son find the son?
He finds absolutely nothing the son
His mother does knitting his father business he war
When he finishes the war
He'll go into business with his father
The war continues the mother continues she knits
The father continues he does business
The son is killed he continues no more
The father and the mother go to the graveyard
They find this quite natural the father and mother
Life continues life with knitting war business
Business war knitting war
Business business business
Life with the graveyard.

JE SUIS COMME JE SUIS

Je suis comme je suis
Je suis faite comme ça
Quand j'ai envie de rire
Oui je ris aux éclats
J'aime celui qui m'aime
Est-ce ma faute à moi
Si ce n'est pas le même
Que j'aime chaque fois
Je suis comme je suis
Je suis faite comme ça
Que voulez-vous de plus
Que voulez-vous de moi

Je suis faite pour plaire
Et n'y puis rien changer
Mes talons sont trop hauts
Ma taille trop cambrée
Mes seins beaucoup trop durs
Et mes yeux trop cernés
Et puis après
Qu'est-ce que ça peut vous faire
Je suis comme je suis
Je plais à qui je plais
Qu'est-ce que ça peut vous faire
Ce qui m'est arrivé
Oui j'ai aimé quelqu'un

I AM AS I AM

I am as I am
I'm made that way
When I feel like laughing
I burst right out
I love the one who loves me
Is it my fault especially
If it's not the same one
I love each time
I am as I am
I'm made that way
What else do you expect
What do you expect of me

I'm made to please
And can't change that
My heels are too high
My back too bent
My breasts much too hard
And my eyes too circled
And after all
What's it to you
I am as I am
I please whom I please
What's it to you
What happened to me
Yes I loved someone

Oui quelqu'un m'a aimée
comme les enfants qui s'aiment
Simplement savent aimer
Aimer aimer...
Pourquoi me questionner
Je suis là pour vous plaire
Et n'y puis rien changer.

Yes someone loved me
As children love each other
Simply knowing to love
love love...
Why ask me
I'm here to please you
And can't change that.

CHANSON DANS LE SANG

Il y a de grandes flaques de sang sur le monde
où s'en va-t-il tout ce sang répandu
est-ce la terre qui le boit et qui se saoule
drôle de soulographie alors
si sage...si monotone...
Non la terre ne se saoule pas
la terre ne tourne pas de travers
elle pousse régulièrement sa petite voiture ses quatre
    saisons
la pluie...la neige...
la grêle...le beau temps...
jamais elle n'est ivre
c'est à peine si elle se permet de temps en temps
un malheureux petit volcan
Elle tourne la terre
elle tourne avec ses arbres...ses jardins...ses maisons...
elle tourne avec ses grandes flaques de sang
et toutes les choses vivantes tournent avec elle et
    saignent...
Elle elle s'en fout
la terre
elle tourne et toutes les choses vivantes se mettent à
    hurler
elle s'en fout
elle tourne
elle n'arrête pas de tourner
et le sang n'arrête pas de couler...
Où s'en va-t-il tout ce sang répandu
le sang des meurtres...le sang des guerres...

SONG IN THE BLOOD

There are great puddles of blood on the world
where's it going all this spilled blood
is it the earth that drinks it and gets drunk
funny kind of drunkography then
so wise...so monotonous...
No the earth doesn't get drunk
the earth doesn't turn askew
it pushes its little car regularly its four seasons
rain...snow
hail...fair weather...
never is it drunk
it's with difficulty it permits itself from time to time
an unhappy little volcano
It turns, the earth
it turns with its trees...its gardens...its houses
it turns with its great pools of blood
and all living things turn with it and bleed...
It doesn't give a damn
the earth
it turns and all living things set up a howl
it doesn't give a damn
it turns
it doesn't stop turning
and the blood doesn't stop running...
Where's it going all this spilled blood
murder's blood...war's blood...

le sang de la misère. . .
et le sang des hommes torturés dans les prisons. . .
le sang des enfants torturés tranquillement par leur
        papa et leur maman. . .
et le sang des hommes qui saignent de la tête
dans les cabanons. . .
et le sang du couvreur
quand le couvreur glisse et tombe du toit
Et le sang qui arrive et qui coule à grands flots
avec le nouveau-né. . .avec l'enfant nouveau. . .
la mère qui crie. . .l'enfant pleure. . .
le sang coule. . .la terre tourne
la terre n'arrête pas de tourner
le sang n'arrête pas de couler
Où s'en va-t-il tout ce sang répandu
le sang des matraqués. . .des humiliés. . .
des suicidés. . .des fusillés. . .des condamnés. . .
et le sang de ceux qui meurent comme ça. . .par accident
Dans la rue passe un vivant
avec tout son sang dedans
soudain le voilà mort
et tout son sang est dehors
et les autres vivants font disparaître le sang
ils emportent le corps
mais il est têtu le sang
et là où était le mort
beaucoup plus tard tout noir
un peu de sang s'étale encore. . .
sang coagulé
rouille de la vie rouille des corps
sang caillé comme le lait
comme le lait quand il tourne

misery's blood...
and the blood of men tortured in prisons...
the blood of children calmly tortured by their papa
        and their mama...
and the blood of men whose heads bleed
        in padded cells
and the roofer's blood
when the roofer slips and falls from the roof
And the blood that comes and flows in great gushes
with the newborn...with the new baby...
the mother cries...the baby cries...
the blood flows...the earth turns
the earth doesn't stop turning
the blood doesn't stop flowing
Where's it going all this spilled blood
blood of the blackjacked...of the humiliated...
of suicides...of firingsquad victims...of the condemned...
and the blood of those that die just like that...by accident
In the street a living being goes by
with all his blood inside
suddenly there he is dead
and all his blood outside
and other living beings make the blood disappear
they carry the body away
but it's stubborn the blood
and there where the dead one was
much later all black
a little blood still stretches...
coagulated blood
life's rust body's rust
blood curdled like milk
like milk when it turns

quand il tourne comme la terre
comme la terre qui tourne
avec son lait... avec ses vaches...
avec ses vivants... avec ses morts...
la terre qui tourne avec ses arbres... ses vivants... ses
     maisons...
la terre qui tourne avec les mariages...
les enterrements...
les coquillages...
les régiments...
la terre qui tourne et qui tourne
avec ses grands ruisseaux de sang.

when it turns like the earth
like the earth that turns
with its milk . . . with its cows . . .
with its living . . . with its dead . . .
the earth that turns with its trees . . . with its living beings . . .
    its houses . . .
the earth that turns with marriages . . .
burials . . .
shells . . .
regiments . . .
the earth that turns and turns and turns
with its great streams of blood.

DÉJEUNER DU MATIN

Il a mis le café
Dans la tasse
Il a mis le lait
Dans la tasse de café
Il a mis le sucre
Dans le café au lait
Avec la petite cuiller
Il a tourné
Il a bu le café au lait
Et il a reposé la tasse
Sans me parler
Il a allumé
Une cigarette
Il a fait des ronds
Avec la fumée
Il a mis les cendres
Dans le cendrier
Sans me parler
Sans me regarder
Il s'est levé
Il a mis
Son chapeau sur sa tête
Il a mis
Son manteau de pluie
Parce qu'il pleuvait
Et il est parti

BREAKFAST

He put the coffee
In the cup
He put the milk
In the cup of coffee
He put the sugar
In the *café au lait*
With the coffee spoon
He stirred
He drank the *café au lait*
And he set down the cup
Without a word to me
He lit
A cigarette
He made smoke-rings
With the smoke
He put the ashes
In the ash-tray
Without a word to me
Without a look at me
He got up
He put
His hat upon his head
He put his raincoat on
Because it was raining
And he left

Sous la pluie
Sans une parole
Sans me regarder
Et moi j'ai pris
Ma tête dans ma main
Et j'ai pleuré.

In the rain
Without a word
Without a look at me
And I   I took
My head in my hand
And I cried.

LE DÉSESPOIR EST ASSIS
SUR UN BANC

Dans un square sur un banc
Il y a un homme qui vous appelle quand on passe
Il a des binocles un vieux costume gris
Il fume un petit ninas il est assis
Et il vous appelle quand on passe
Ou simplement il vous fait signe
Il ne faut pas le regarder
Il ne faut pas l'écouter
Il faut passer
Faire comme si on ne le voyait pas
Comme si on ne l'entendait pas
Il faut passer presser le pas
Si vous le regardez
Si vous l'écoutez
Il vous fait signe et rien personne
Ne peut vous empêcher d'aller vous asseoir près de lui
Alors il vous regarde et sourit
Et vous souffrez atrocement
Et l'homme continue de sourire
Et vous souriez du même sourire
Exactement
Plus vous souriez plus vous souffrez
Atrocement
Plus vous souffrez plus vous souriez
Irrémédiablement
Et vous restez là
Assis figé

DESPAIR IS SEATED
ON A BENCH

In a square on a bench
There's a man who calls you when you pass
He has eyeglasses and old grey clothes
He smokes a little cigarillo
He is seated
And he calls you when you pass
Or simply makes you a sign
Don't look at him
Don't listen to him
Pass by
Make as if you didn't see him
As if you didn't hear him
Pass by hurry past
If you look at him
If you listen to him
He makes you a sign and nothing nobody
Can stop you from going to sit near him
So then he looks at you and smiles
And you suffer atrociously
And the man continues to smile
And you smile the same smile
Exactly
The more you smile the more you suffer
Atrociously
The more you suffer the more you smile
Irremediably
And you stay there
Seated fixed

Souriant sur le banc
Des enfants jouent tout près de vous
Des passants passent
Tranquillement
Des oiseaux s'envolent
Quittant un arbre
Pour un autre
Et vous restez là
Sur le banc
Et vous savez vous savez
Que jamais plus vous ne jouerez
Comme ces enfants
Vous savez que jamais plus vous ne passerez
Tranquillement
Comme ces passants
Que jamais plus vous ne vous envolerez
Quittant un arbre pour un autre
Comme ces oiseaux.

Smiling on the bench
Children play near you
Passersby pass
Tranquilly
Birds fly off
Leaving one tree for another
And you stay there
On the bench
And you know you know
You never again will play
Like these children
You know you never again will pass
Tranquilly
Like these passersby
Never again fly
Leaving one tree for another
Like these birds.

POUR FAIRE LE PORTRAIT
D'UN OISEAU

A Elsa Henriquez

Peindre d'abord une cage
avec une porte ouverte
peindre ensuite
quelque chose de joli
quelque chose de simple
quelque chose de beau
quelque chose d'utile
pour l'oiseau
placer ensuite la toile contre un arbre
dans un jardin
dans un bois
ou dans une forêt
se cacher derrière l'arbre
sans rien dire
sans bouger . . .
Parfois l'oiseau arrive vite
mais il peut aussi bien mettre de longues années
avant de se décider
Ne pas se décourager
attendre
attendre s'il le faut pendant des années
la vitesse ou la lenteur de l'arrivée de l'oiseau
n'ayant aucun rapport
avec la réussite du tableau
Quand l'oiseau arrive
s'il arrive

TO PAINT THE PORTRAIT
OF A BIRD

To Elsa Enriquez

First paint a cage
with an open door
then paint
something pretty
something simple
something beautiful
something useful
for the bird
then place the canvas against a tree
in a garden
in a wood
or in a forest
hide behind the tree
without speaking
without moving . . .
Sometimes the bird comes quickly
but he can just as well spend long years
before deciding
Don't get discouraged
wait
wait years if necessary
the swiftness or slowness of the coming
of the bird having no rapport
with the success of the picture
When the bird comes
if he comes

observer le plus profond silence
attendre que l'oiseau entre dans la cage
et quand il est entré
fermer doucement la porte avec le pinceau
puis
effacer un à un tous les barreaux
en ayant soin de ne toucher aucune des plumes de l'oiseau
Faire ensuite le portrait de l'arbre
en choisissant la plus belle de ses branches
pour l'oiseau
peindre aussi le vert feuillage et la fraîcheur du vent
la poussière du soleil
et le bruit des bêtes de l'herbe dans la chaleur de l'été
et puis attendre que l'oiseau se décide à chanter
Si l'oiseau ne chante pas
c'est mauvais signe
Signe que le tableau est mauvais
mais s'il chante c'est bon signe
signe que vous pouvez signer
Alors vous arrachez tout doucement
une des plumes de l'oiseau
et vous écrivez votre nom dans un coin du tableau.

observe the most profound silence
wait till the bird enters the cage
and when he has entered
gently close the door with a brush
then
paint out all the bars one by one
taking care not to touch any of the feathers of the bird
Then paint the portrait of the tree
choosing the most beautiful of its branches
for the bird
paint also the green foliage and the wind's freshness
the dust of the sun
and the noise of insects in the summer heat
and then wait for the bird to decide to sing
If the bird doesn't sing
it's a bad sign
a sign that the painting is bad
but if he sings it's a good sign
a sign that you can sign
so then so very gently you pull out
one of the feathers of the bird
and you write your name in a corner of the picture.

PRESQUE

A Fontainebleau
Devant l'hôtel de l'Aigle Noir
Il y a un taureau sculpté par Rosa Bonheur
Un peu plus loin tout autour
Il y a la forêt
Et un peu plus loin encore
Joli corps
Il y a encore la forêt
Et le malheur
Et tout à côté le bonheur
Le bonheur avec les yeux cernés
Le bonheur avec des aiguilles de pin dans le dos
Le bonheur qui ne pense à rien
Le bonheur comme le taureau
Sculpté par Rosa Bonheur
Et puis le malheur
Le malheur avec une montre en or
Avec un train à prendre
Le malheur qui pense à tout...
A tout
A tout...à tout...à tout...
Et à Tout
Et qui gagne "presque" à tous les coups
Presque.

ALMOST

At Fountainebleau
In front of the Black Eagle Hotel
There's a sculptured bull by Rosa Bonheur
A little further on around
There's the forest
And a little further still
Beautiful body
There's the forest again
And unhappiness
Right alongside happiness
Happiness with circles under the eyes
Happiness with pine needles in the back
Happiness which thinks of nothing
Happiness like the bull
Sculptured by Rosa Bonheur
And then unhappiness
Unhappiness with a gold watch
With a train to catch
Unhappiness which thinks of everything
of everything
of everything...of everything...of everything
And of Everything
And which wins "almost" every round
Almost.

LE DROIT CHEMIN

A chaque kilomètre
chaque année
des vieillards au front borné
indiquent aux enfants la route
d'un geste de ciment armé.

THE STRAIGHT AND NARROW ROAD

At each mile
each year
old men with closed faces
point out the road to children
with gestures of reinforced concrete.

LA CÈNE

Ils sont à table
Ils ne mangent pas
Ils ne sont pas dans leur assiette
Et leur assiette se tient toute droite
Verticalement derrière leur tête.

THE LAST SUPPER

They are at table
They eat not
Nor touch their plates
And their plates stand straight up
Behind their heads.

L'ÉCOLE DES BEAUX-ARTS

Dans une boîte de paille tressée
Le père choisit une petite boule de papier
Et il la jette
Dans la cuvette
Devant ses enfants intrigués
Surgit alors
Multicolore
La grande fleur japonaise
Le nénuphar instantané
Et les enfants se taisent
Émerveillés
Jamais plus tard dans leur souvenir
Cette fleur ne pourra se faner
Cette fleur subite
Faite pour eux
A la minute
Devant eux.

SCHOOL OF FINE ARTS

From a plaited basket
The father picked a little paper ball
And he threw it
In the bowl
Before his fascinated kids
Then sprang up
Multicolored
The great Japanese flower
Instantaneous water-lily
And the children were hushed
Wonderstruck
Never later in their memory
Could this flower fade
This sudden flower
Made for them
Instantly
Before them.

LE MIROIR BRISÉ

Le petit homme qui chantait sans cesse
le petit homme qui dansait dans ma tête
le petit homme de la jeunesse
a cassé son lacet de soulier
et toutes les baraques de la fête
tout d'un coup se sont écroulées
et dans le silence de cette fête
dans le désert de cette fête
j'ai entendu ta voix heureuse
ta voix déchirée et fragile
enfantine et désolée
venant de loin et qui m'appelait
et j'ai mis ma main sur mon cœur
où remuaient
ensanglantés
les sept éclats de glace de ton rire étoilé.

THE SHATTERED MIRROR

The little man who sang without ceasing
the little man who danced in my head
the little man of youth
broke his shoelace
and all the booths at the fair
all at once collapsed
and in the silence of this fair
in the desert of this head
I heard your happy voice
your torn and fragile voice
childish and desolate
coming from afar and calling me
and I put my hand upon my heart
where shivered
bloodily
the seven glass slivers of your starlit laughter.

QUARTIER LIBRE

J'ai mis mon képi dans la cage
et je suis sorti avec l'oiseau sur la tête
Alors
on ne salue plus
a demandé le commandant
Non
on ne salue plus
a répondu l'oiseau
Ah bon
excusez-moi je croyais qu'on saluait
a dit le commandant
Vous êtes tout excusé tout le monde peut se tromper
a dit l'oiseau.

QUARTIER LIBRE

I put my cap in the cage
and went out with the bird on my head
So
one no longer salutes
asked the commanding officer
No
one no longer salutes
replied the bird
Ah good
excuse me I thought one saluted
said the commanding officer
You are fully excused everybody makes mistakes
said the bird.

L'ORDRE NOUVEAU

Le soleil gît sur le sol
Litre de vin rouge brisé
Une maison comme un ivrogne
Sur le pavé s'est écroulée
Et sous son porche encore debout
Une jeune fille est allongée
Un homme à genoux près d'elle
Est en train de l'achever
Dans la plaie où remue le fer
Le cœur ne cesse de saigner
Et l'homme pousse un cri de guerre
Comme un absurde cri de paon
Et son cri se perd dans la nuit
Hors la vie hors du temps
Et l'homme au visage de poussière
L'homme perdu et abîmé
Se redresse et crie "Heil Hitler!"
D'une voix désespérée
En face de lui dans les débris
D'une boutique calcinée
Le portrait d'un vieillard blême
Le regarde avec bonté
Sur sa manche des étoiles brillent
D'autres aussi sur son képi
Comme les étoiles brillent à Noël
Sur les sapins pour les petits
Et l'homme des sections d'assaut
Devant le merveilleux chromo
Soudain se retrouve en famille

THE NEW ORDER

The sun lies on the soil
Litre of spilled red wine
A house has collapsed
Like a drunk on the pavement
And under its still standing porch
A girl is stretched
A man on his knees beside her
Is about to finish her off
In the wound where the sword stirs
The heart doesn't stop bleeding
And the man lets out a war-cry
Like an absurd peacock's cry
And his cry gets lost in the night
Out of life out of time
And the man with face of dust
The lost and ruined man
Stands up and cries "Heil Hitler!"
In a desperate voice
Facing him in the debris
Of a burnt-out shop
The portrait of a pale old man
Regards him kindly
Stars shine on his sleeve
Others also on his cap
Like the stars shine at Christmas
On the pine tree for the little ones
And the storm-trooper
Before the marvelous color-photo
Suddenly finds himself at home again

Au cœur même de l'ordre nouveau
Et remet son poignard dans sa gaine
Et s'en va tout droit devant lui
Automate de l'Europe nouvelle
Détraqué par le mal du pays
Adieu adieu Lily Marlène
Et son pas et son chant s'éloignent dans la nuit
Et le portrait du vieillard blême
Au milieu des décombres
Reste seul et sourit
Tranquille dans la pénombre
Sénile et sûr de lui.

In the very heart of the new order
And puts his dagger back in its sheath
And goes off straight ahead
Automaton of the new Europe
Run wild with homesickness
Adieu adieu Lily Marlene
And his step and his song wander off in the night
And the portrait of the pale old man
Among the debris
Remains alone and smiles
Tranquil in the semi-dark
Senile and sure of himself.

AU HASARD DES OISEAUX

J'ai appris très tard à aimer les oiseaux
je le regrette un peu
mais maintenant tout est arrangé
on s'est compris
ils ne s'occupent pas de moi
je ne m'occupe pas d'eux
je les regarde
je les laisse faire
tous les oiseaux font de leur mieux
ils donnent l'exemple
pas l'exemple comme par exemple Monsieur Glacis
qui s'est remarquablement courageusement conduit
    pendant la guerre ou l'exemple du petit Paul qui était
    si pauvre et si beau et tellement honnête avec ça et qui
    est devenu plus tard le grand Paul si riche et si vieux
    si honorable et si affreux et si avare et si charitable et
    si pieux
ou par exemple cette vieille servante qui eut une vie et
    une mort exemplaires jamais de discussions pas ça
    l'ongle claquant sur la dent pas ça de discussion avec
    monsieur ou avec madame au sujet de cette affreuse
    question des salaires
non
les oiseaux donnent l'exemple
l'exemple comme il faut
exemple des oiseaux
exemple des oiseaux

BIRDS, AT RANDOM

I learned very late to love birds
I regret it a little
but now it's all arranged
we understand each other
they don't occupy themselves with me
I don't occupy myself with them
I look at them
I leave them alone
all the birds do their best
they set an example
not the example as for example Mister Glacis
who remarkably courageously conducted himself
during the war or the example of little Paul
who was so poor and so handsome and so very honest
and who later became the great Paul so rich
so old so honorable and so repulsive and so
avaricious and so charitable and so pious
or for example that old servant who had an
exemplary life and death never any arguments
not that with her nail tapping a tooth not that
no arguments with Mr. or Mrs. on the subject of that
frightful question of salaries
no
birds set an example
a proper example
the example of birds

exemple les plumes les ailes le vol des oiseaux
exemple le nid les voyages et les chants des oiseaux
exemple la beauté des oiseaux
exemple le cœur des oiseaux
la lumière des oiseaux.

the example of the feathers the wings the flight of birds
the example of the nests the voyages and the songs of birds
the example of the beauty of birds
the example of the heart of birds
the light of birds.

CHANSON

Quel jour sommes-nous
Nous sommes tous les jours
Mon amie
Nous sommes toute la vie
Mon amour
Nous nous aimons et nous vivons
Nous vivons et nous nous aimons
Et nous ne savons pas ce que c'est que la vie
Et nous ne savons pas ce que c'est que le jour
Et nous ne savons pas ce que c'est que l'amour.

SONG

What day is it
It's everyday
My friend
It's all of life
My love
We love each other and we live
We live and love each other
And do not know what this life is
And do not know what this day is
And do not know what this love is.

L'ÉCLIPSE

Louis XIV qu'on appelait aussi le Roi Soleil
était souvent assis sur une chaise percée
vers la fin de son règne
une nuit où il faisait très sombre
le Roi Soleil se leva de son lit
alla s'asseoir sur sa chaise
et disparut.

THE ECLIPSE

Louis the Fourteenth also called the Sun King
often sat on a chamberpot-chair
toward the end of his reign
one night when it was very dark
the Sun King rose from his bed
went to sit on his chamberpot-chair
and disappeared.

CHANSON DU GEOLIER

Où vas-tu beau geôlier
Avec cette clé tachée de sang
Je vais délivrer celle que j'aime
S'il en est encore temps
Et que j'ai enfermée
Tendrement cruellement
Au plus secret de mon désir
Au plus profond de mon tourment
Dans les mensonges de l'avenir
Dans les bêtises des serments
Je veux la délivrer
Je veux qu'elle soit libre
Et même de m'oublier
Et même de s'en aller
Et même de revenir
Et encore de m'aimer
Ou d'en aimer un autre
Si un autre lui plaît
Et si je reste seul
Et elle en allée
Je garderai seulement
Je garderai toujours
Dans mes deux mains en creux
Jusqu'à la fin des jours
La douceur de ses seins modelés par l'amour.

SONG OF THE JAILER

Where are you going handsome jailer
With that key that's touched with blood
I am going to free the one I love
If there's still time
She whom I've imprisoned
Tenderly and cruelly
In my most secret desire
In my deepest torment
In falsehoods of the future
In stupidities of vows
I want to free her
I want her to be free
And even to forget me
And even to go off
And even to come back
And love me again
Or love another
If another pleases her
And if I stay alone
And she gone off
I will only keep
I will always keep
In my two hollowed hands
To the end of all my days
The softness of her breasts molded by love.

LE CHEVAL ROUGE

Dans les manèges du mensonge
Le cheval rouge de ton sourire
Tourne
Et je suis là debout planté
Avec le triste fouet de la réalité
Et je n'ai rien à dire
Ton sourire est aussi vrai
Que mes quatre vérités.

THE RED HORSE

In merrygorounds of lies
The red horse of your smile
Goes round
And I stand rooted there
With the sad whip of reality
And I have nothing to say
Your smile is as true
As my home truths.

FÊTE FORAINE

Heureux comme la truite remontant le torrent
Heureux le cœur du monde
Sur son jet d'eau de sang
Heureux le limonaire
Hurlant dans la poussière
De sa voix de citron
Un refrain populaire
Sans rime ni raison
Heureux les amoureux
Sur les montagnes russes
Heureuse la fille rousse
Sur son cheval blanc
Heureux le garçon brun
Qui l'attend en souriant
Heureux cet homme en deuil
Debout dans sa nacelle
Heureuse la grosse dame
Avec son cerf-volant
Heureux le vieil idiot
Qui fracasse la vaisselle
Heureux dans son carrosse
Un tout petit enfant
Malheureux les conscrits
Devant le stand de tir
Visant le cœur du monde
Visant leur propre cœur
Visant le cœur du monde
En éclatant de rire.

TRAVELING SHOW

Happy as the trout climbing the torrent
Happy the heart of the world
On its waterspout of blood
Happy the barrel-organ
Bawling in the dust
With its citrus voice
A popular tune
Without rhyme or reason
Happy the lovers
On the Russian mountains
Happy the russet-haired girl
On her white horse
Happy the brown boy
Who waits for her smiling
Happy this man in mourning
Standing in his skiff
Happy the fat dame
With her paper kite
Happy the old fool
Smashing plates
Happy in his carriage
A very small baby
Unhappy the draftees
On the rifle range
Sighting the heart of the world
Sighting their own heart
Sighting the heart of the world
Bursting out laughing.

CHEZ LA FLEURISTE

Un homme entre chez une fleuriste
et choisit des fleurs
la fleuriste enveloppe les fleurs
l'homme met la main à sa poche
pour chercher l'argent
l'argent pour payer les fleurs
mais il met en même temps
subitement
la main sur son cœur
et il tombe

En même temps qu'il tombe
l'argent roule à terre
et puis les fleurs tombent
en même temps que l'homme
en même temps que l'argent
et la fleuriste reste là
avec l'argent qui roule
avec les fleurs qui s'abîment
avec l'homme qui meurt
évidemment tout cela est très triste
et il faut qu'elle fasse quelque chose
la fleuriste
mais elle ne sait pas comment s'y prendre
elle ne sait pas
par quel bout commencer

AT THE FLORIST'S

A man enters a florist's
and chooses some flowers
the florist wraps up the flowers
the man puts his hand in his pocket
to find the money
the money to pay for the flowers
but at the same time he puts
all of a sudden
his hand on his heart
and he falls

At the same time that he falls
the money rolls on the floor
and then the flowers fall
at the same time as the man
at the same time as the money
and the florist stands there
with the money rolling
with the flowers spoiling
with the man dying
obviously all this is very sad
and she's got to do something
the florist
but she doesn't know quite where to start
she doesn't know
at which end to begin

Il y a tant de choses à faire
avec cet homme qui meurt
ces fleurs qui s'abîment
et cet argent
cet argent qui roule
qui n'arrête pas de rouler.

There's so many things to do
with this man dying
with these flowers spoiling
and this money
this money that rolls
that doesn't stop rolling.

ET LA FÊTE CONTINUE

Debout devant le zinc
Sur le coup de dix heures
Un grand plombier zingueur
Habillé en dimanche et pourtant c'est lundi
Chante pour lui tout seul
Chante que c'est jeudi
Qu'il n'ira pas en classe
Que la guerre est finie
Et le travail aussi
Que la vie est si belle
Et les filles si jolies
Et titubant devant le zinc
Mais guidé par son fil à plomb
Il s'arrête pile devant le patron
Trois paysans passeront et vous paieront
Puis disparaît dans le soleil
Sans régler les consommations
Disparaît dans le soleil tout en continuant sa chanson.

AND THE FETE CONTINUES

Standing before the bar
At the stroke of ten
A tall plumber
Dressed for sunday on monday
Sings for himself alone
Sings that it's thursday
That there's no school today
That the war is over
And work too
That life is so beautiful
And the girls so pretty
And staggering by the bar
But guided by his plumb-line
He stops dead before the proprietor
Three peasants will pass and pay you
Then disappears in the sun
Without settling for the drinks
Disappears in the sun all the while singing his song.

COMPLAINTE DE VINCENT

A Paul Éluard

A Arles où roule le Rhône
Dans l'atroce lumière de midi
Un homme de phosphore et de sang
Pousse une obsédante plainte
Comme une femme qui fait son enfant
Et le linge devient rouge
Et l'homme s'enfuit en hurlant
Pourchassé par le soleil
Un soleil d'un jaune strident
Au bordel tout près du Rhône
L'homme arrive comme un roi mage
Avec son absurde présent
Il a le regard bleu et doux
Le vrai regard lucide et fou
De ceux qui donnent tout à la vie
De ceux qui ne sont pas jaloux
Et montre à la pauvre enfant
Son oreille couchée dans le linge
Et elle pleure sans rien comprendre
Songeant à de tristes présages
Et regarde sans oser le prendre
L'affreux et tendre coiquillage
Où les plaintes de l'amour mort
Et les voix inhumaines de l'art
Se mêlent aux murmures de la mer
Et vont mourir sur le carrelage
Dans la chambre où l'édredon rouge
D'un rouge soudain éclatant

VINCENT'S LAMENT

to Paul Eluard

At Arles where rolls the Rhone
In the atrocious midday light
A man of phosphor and blood
Gives a haunting groan
Like a woman giving birth
And the sheets get red
And the man flees howling
Pursued by the sun
A sun of strident yellow
To a whorehouse near the Rhone
The man comes like a christmas king
With his absurd present
He has the blue and gentle look
The true mad lucid look
Of those who give life everything
Of those who are not jealous
And shows the poor child
His ear couched in the cloth
And she cries without understanding anything
Imagining sad omens
And looks without daring to take
The frightful tender shell
In which the moans of dead love
And the inhuman voices of art
Mix with the murmurs of the sea
And die on the tiling
In the room where the red eiderdown
Of a sudden bursting red

Mélange ce rouge si rouge
Au sang bien plus rouge encore
De Vincent à demi mort
Et sage comme l'image même
De la misère et de l'amour
L'enfant nue toute seule sans âge
Regarde le pauvre Vincent
Foudroyé par son propre orage
Qui s'écroule sur le carreau
Couché dans son plus beau tableau
Et l'orage s'en va calmé indifférent
En roulant devant lui ses grands tonneaux de sang
L'éblouissant orage du génie de Vincent
Et Vincent reste là dormant rêvant râlant
Et le soleil au-dessus du bordel
Comme une orange folle dans un désert sans nom
Le soleil sur Arles
En hurlant tourne en rond.

Blends this red so red
With the much much redder blood
Of half-dead Vincent
And wise as the very image
Of misery and love
The nude child all alone and ageless
Looks upon poor Vincent
Stricken by his own storm
Which spreads on the tile
Onto his most beautiful painting
And the storm runs out indifferent
Rolling before it its great barrels of blood
The dazzling storm of Vincent's genius
And Vincent stays there sleeping waking croaking
And the sun over the whorehouse
Like a mad orange in a nameless desert
The sun on Arles
Howling turns around.

L'AUTOMNE

Un cheval s'écroule au milieu d'une allée
Les feuilles tombent sur lui
Notre amour frissonne
Et le soleil aussi.

AUTUMN

A horse collapses in the middle of an alley
Leaves fall on him
Our love trembles
And the sun too.

LE BOUQUET

Que faites-vous là petite fille
Avec ces fleurs fraîchement coupées
Que faites-vous là jeune fille
Avec ces fleurs ces fleurs séchées
Que faites-vous là jolie femme
Avec ces fleurs qui se fanent
Que faites-vous là vieille femme
Avec ces fleurs qui meurent

J'attends le vainqueur.

THE BOUQUET

What are you doing little girl
With those freshcut flowers
What are you doing there young girl
With those flowers dried flowers
What are you doing pretty woman
With those fading flowers
What are you doing there old dame
With those dying flowers

I await the victor.

BARBARA

Rappelle-toi Barbara
Il pleuvait sans cesse sur Brest ce jour-là
Et tu marchais souriante
Épanouie ravie ruisselante
Sous la pluie
Rappelle-toi Barbara
Il pleuvait sans cesse sur Brest
Et je t'ai croisée rue de Siam
Tu souriais
Et moi je souriais de même
Rappelle-toi Barbara
Toi que je ne connaissais pas
Toi qui ne me connaissais pas
Rappelle-toi
Rappelle-toi quand même ce jour-là
N'oublie pas
Un homme sous un porche s'abritait
Et il a crié ton nom
Barbara
Et tu as couru vers lui sous la pluie
Ruisselante ravie épanouie
Et tu t'es jetée dans ses bras
Rappelle-toi cela Barbara
Et ne m'en veux pas si je te tutoie
Je dis tu à tous ceux que j'aime
Même si je ne les ai vus qu'une seule fois
Je dis tu à tous ceux qui s'aiment
Même si je ne les connais pas
Rappelle-toi Barbara

BARBARA

Remember Barbara
It rained all day on Brest that day
And you walked smiling
Flushed enraptured streaming-wet
In the rain
Remember Barbara
It rained all day on Brest that day
And I ran into you in Siam Street
You were smiling
And I smiled too
Remember Barbara
You whom I didn't know
You who didn't know me
Remember
Remember that day still
Don't forget
A man was taking cover on a porch
And he cried your name
Barbara
And you ran to him in the rain
Streaming-wet enraptured flushed
And you threw yourself in his arms
Remember that Barbara
And don't be mad if I speak familiarly
I speak familiarly to everyone I love
Even if I've seen them only once
I speak familiarly to all who are in love
Even if I don't know them
Remember Barbara

N'oublie pas
Cette pluie sage et heureuse
Sur ton visage heureux
Sur cette ville heureuse
Cette pluie sur la mer
Sur l'arsenal
Sur le bateau d'Ouessant
Oh Barbara
Quelle connerie la guerre
Qu'es-tu devenue maintenant
Sous cette pluie de fer
De feu d'acier de sang
Et celui qui te serrait dans ses bras
Amoureusement
Est-il mort disparu ou bien encore vivant
Oh Barbara
Il pleut sans cesse sur Brest
Comme il pleuvait avant
Mais ce n'est plus pareil et tout est abîmé
C'est une pluie de deuil terrible et désolée
Ce n'est même plus l'orage
De fer d'acier de sang
Tout simplement des nuages
Qui crèvent comme des chiens
Des chiens qui disparaissent
Au fil de l'eau sur Brest
Et vont pourrir au loin
Au loin très loin de Brest
Dont il ne reste rien.

Don't forget
That good and happy rain
On your happy face
On that happy town
That rain upon the sea
Upon the arsenal
Upon the Ushant boat
Oh Barbara
What shitstupidity the war
Now what's become of you
Under this iron rain
Of fire and steel and blood
And he who held you in his arms
Amorously
Is he dead and gone or still so much alive
Oh Barbara
It's rained all day on Brest today
As it was raining before
But it isn't the same anymore
And everything is wrecked
It's a rain of mourning terrible and desolate
Nor is it still a storm
Of iron and steel and blood
But simply clouds
That die like dogs
Dogs that disappear
In the downpour drowning Brest
And float away to rot
A long way off
A long long way from Brest
Of which there's nothing left.

INVENTAIRE

.

Une pierre
deux maisons
trois ruines
quatre fossoyeurs
un jardin
des fleurs

un raton laveur

une douzaine d'huîtres un citron un pain
un rayon de soleil
une lame de fond
six musiciens
une porte avec son paillasson
un monsieur décoré de la légion d'honneur

un autre raton laveur

un sculpteur qui sculpte des Napoléon
la fleur qu'on appelle souci
deux amoureux sur un grand lit
un receveur des contributions une chaise trois dindons
un ecclésiastique un furoncle
une guêpe
un rein flottant
une écurie de courses
un fils indigne deux frères dominicains trois sauterelles
        un strapontin
deux filles de joie un oncle Cyprien

.

INVENTORY

One stone
two houses
three ruins
four grave-diggers
one garden
some flowers

one raccoon

a dozen oysters a lemon a loaf of bread
a ray of sunlight
one groundswell
six musicians
one door with doormat
one Mister decorated with the Legion of Honor

one more raccoon

one sculptor who sculpts Napoleons
one yellow flower called care
two lovers on a big bed
one receiver of contributions one chair three turkeys
one cleric one boil
one wasp
one floating kidney
one racing stable
one unworthy son two Dominican brothers three grasshoppers
     one collapsible chair
two whores one amorous uncle

117

une Mater dolorosa trois papas gâteau deux chèvres de
     Monsieur Seguin
un talon Louis XV
un fauteuil Louis XVI
un buffet Henri II deux buffets Henri III trois buffets
     Henri IV
un tiroir dépareillé
une pelote de ficelle deux épingles de sûreté un monsieur
     âgé
une Victoire de Samothrace un comptable deux aides-
     comptables un homme du monde deux chirurgiens
     trois végétariens
un cannibale
une expédition coloniale un cheval entier une demi-
     pinte de bon sang une mouche tsé-tsé
un homard à l'américaine un jardin à la française
deux pommes à l'anglaise
un face-à-main un valet de pied un orphelin un poumon
     d'acier
un jour de gloire
une semaine de bonté
un mois de Marie
une année terrible
une minute de silence
une seconde d'inattention
et. . .

cinq ou six ratons laveurs

un petit garçon qui entre à l'école en pleurant
un petit garçon qui sort de l'école en riant

one *mater dolorosa* three Sugar daddies two goats belonging
   to Mister Seguin
one Louis the Fifteenth heel
one Louis the Sixteenth armchair
one Henry the Second sideboard two Henry the Third
   sideboards three Henry the Fourth sideboards
one odd drawer
one ball of string two safety pins one aged man
one Victory of Samathrace one accountant two assistant-
   accountants one man of the world two surgeons
   three vegetarians
one cannibal
one colonial expedition one whole horse one halfpint of good
   blood one tsetse fly
one lobster American-style one French garden
two boiled potatoes
one lorgnette one footman one orphan one iron lung
one day of glory
one week of goodness
one month of Mary
one terrible year
one minute of silence
one second of inattention
and...

five or six raccoons

one little boy who goes to school crying
one little boy who comes out laughing

une fourmi

deux pierres à briquet

dix-sept éléphants un juge d'instruction en vacances
   assis sur un pliant

un paysage avec beaucoup d'herbe verte dedans

une vache

un taureau

deux belles amours trois grandes orgues un veau
   marengo

un soleil d'Austerlitz

un siphon d'eau de Seltz

un vin blanc citron

un Petit Poucet un grand pardon un calvaire de pierre
   une échelle de corde

deux sœurs latines trois dimensions douze apôtres mille
   et une nuits trente-deux positions six parties du
   monde cinq points cardinaux dix ans de bons et
   loyaux services sept péchés capitaux deux doigts
   de la main dix gouttes avant chaque repas trente
   jours de prison dont quinze de cellule cinq minutes
   d'entracte

et. . .

plusieurs ratons laveurs.

one ant

two flints

seventeen elephants one examining magistrate on vacation
      seated on a folding stool

one landscape with lots of green grass in it

one cow

one bull

two beautiful loves three grand organs one Veal Marengo

one sun of Austerlitz

one Seltzer siphon

one white wine with lemon

one Tom Thumb one pardon ceremony one stone Calvary
      one rope ladder

two Latin nuns three dimensions a dozen apostles

a thousand and one nights thirty-two positions six parts of
      the world five cardinal points ten years of good
      and loyal service seven capital sins two fingers of
      the hand ten drops before each meal thirty days
      in prison including fifteen in solitary five minutes
      of intermission

and . . .

several raccoons.*

---

*The presence of so many raccoons is perhaps not as gratuitous as it may seem in English. A raccoon in French is a *raton laveur*, i.e. a rat that washes what it eats. Cf. *Larousse*: "Popular name of a little American mammal that owes its name to the habit of dipping its food in water before putting it in its mouth." — Trans.

IL NE FAUT PAS...

Il ne faut pas laisser les intellectuels jouer avec les
allumettes
Parce que Messieurs quand on le laisse seul
Le monde mental Messssieurs
N'est pas du tout brillant
Et sitôt qu'il est seul
Travaille arbitrairement
S'érigeant pour soi-même
Et soi-disant généreusement en l'honneur des travail-
leurs du bâtiment
Un auto-monument
Répétons-le Messsssssieurs
Quand on le laisse seul
Le monde mental
Ment
Monumentalement.

ONE SHOULDN'T . . .

One shouldn't let intellectuals play
with matches
Because Gentlemen when left to itself
The mental world Gennntlemen
Isn't at all brilliant
And as soon as it's alone
Works arbitrarily
Erecting for itself
Out of self-styled generosity in honor of
building-workers
an auto-monument
Let's repeat it Gennnntlemen
When left to itself
The mental world
Lies
Monumentally.

OSIRIS

ou
La Fuite en Égypte

C'est la guerre c'est l'été
Déjà l'été encore la guerre
Et la ville isolée désolée
Sourit sourit encore
Sourit sourit quand même
De son doux regard d'été
Sourit doucement à ceux qui s'aiment
C'est la guerre et c'est l'été
Un homme avec une femme
Marchent dans un musée
Leurs pas sont les seuls pas dans ce musée désert
Ce musée c'est le Louvre
Cette ville c'est Paris
Et la fraîcheur du monde
Est là tout endormie
Un gardien se réveille en entendant les pas
Appuie sur un bouton et retombe dans son rêve
Cependant qu'apparaît dans sa niche de pierre
La merveille de l'Égypte debout dans sa lumière
La statue d'Osiris vivante dans le bois mort

OSIRIS

or
The Flight in Egypt

It's war it's summer
Already summer still war
And the isolated desolated city
Smiles still smiles
Smiles smiles just the same
With its sweet look of summer
Smiles sweetly on those who love each other
It's war and it's summer
A man and a woman
Walk in a museum
Their steps are the only steps in this deserted museum desert
This museum is the Louvre
This city is Paris
And the freshness of the world
Is sound asleep there
A guard awakes hearing the steps
Leans on a button and falls back in his dream
Meanwhile in its stone niche appears
The wonder of Egypt standing in its own light
The statue of Osiris living in the dead wood

Vivante à faire mourir une nouvelle fois de plus
Toutes les idoles mortes des églises de Paris
Et les amants s'embrassent
Osiris les marie
Et puis rentre dans l'ombre
De sa vivante nuit.

Living to make
All the dead idols in Paris churches
Die again
And the lovers kiss
Osiris marries them
And then re-enters the shadow
Of his living night.

LE DISCOURS SUR LA PAIX

Vers la fin d'un discours extrêmement important
le grand homme d'État trébuchant
sur une belle phrase creuse
tombe dedans
et désemparé la bouche grande ouverte
haletant
montre les dents
et la carie dentaire de ses pacifiques raisonnements
met à vif le nerf de la guerre
la délicate question d'argent.

THE DISCOURSE ON PEACE

Near the end of an extremely important discourse
the great man of state stumbling
on a beautiful hollow phrase
falls over it
and undone with gaping mouth
gasping
shows his teeth
and the dental decay of his peaceful reasoning
exposes the nerve of war
the delicate question of money.

LE CONTROLEUR

Allons allons
Pressons
Allons allons
Voyons pressons
Il y a trop de voyageurs
Trop de voyageurs
Pressons pressons
Il y en a qui font la queue
Il y en a partout
Beaucoup
Le long du débarcadère
Ou bien dans les couloirs du ventre de leur mère
Allons allons pressons
Pressons sur la gâchette
Il faut bien que tout le monde vive
Alors tuez-vous un peu
Allons allons
Voyons
Soyons sérieux
Laissez la place
Vous savez bien que vous ne pouvez pas rester là
Trop longtemps
Il faut qu'il y en ait pour tout le monde
Un petit tour on vous l'a dit

THE CONDUCTOR

Let's go let's go
Step on it
Let's go let's go
Come on get going
There's too many passengers
Too many passengers
Hurry hurry
Some are in line
Some everywhere
Lots
Along the landing
Or in the halls of the womb of their mother
Let's go let's go step on it
Press the trigger
Everybody's gotta live
So kill some
Let's go let's go
Come on
Be serious
Move along
You know you can't stay here
Too long
There's got to be room for everyone
A little trip they told you

Un petit tour du monde
Un petit tour dans le monde
Un petit tour et on s'en va
Allons allons
Pressons pressons
Soyez polis
Ne poussez pas.

A little trip around the world
A little trip in the world
A little trip and you're off
Let's go let's go
Hurry hurry
Be polite
Don't push.

LE COMBAT AVEC L'ANGE

A J.-B. Brunius

N'y va pas
tout est combiné d'avance
le match est truqué
et quand il apparaîtra sur le ring
environné d'éclairs de magnésium
ils entonneront à tue-tête le Te Deum
et avant même que tu te sois levé de ta chaise
ils te sonneront les cloches à toute volée
ils te jetteront à la figure l'éponge sacrée
et tu n'auras pas le temps de lui voler dans les plumes
ils se jetteront sur toi
et il te frappera au-dessous de la ceinture
et tu t'écrouleras
les bras stupidement en croix
dans la sciure
et jamais plus tu ne pourras faire l'amour.

THE COMBAT WITH THE ANGEL

To A J.-B. Brunius

Keep out of it
everything is fixed in advance
the match is faked
and when he appears in the ring
surrounded by kleig lights
they'll loudly intone the Te Deum
and even before you're out of your corner
they'll peal the bell for you
they'll throw the sacred sponge
in your face
and you won't have time to fly in his feathers
they'll snow you under
and he'll hit you below the belt
and you'll take the count
your arms stupidly stretched in a cross
in the sawdust
and never again will you be able to make love.

PLACE DU CARROUSEL

Place du Carrousel
vers la fin d'un beau jour d'été
le sang d'un cheval
accidenté et dételé
ruisselait
sur le pavé
Et le cheval était là
debout
immobile
sur trois pieds
Et l'autre pied blessé
blessé et arraché
pendait
Tout à côté
debout
immobile
il y avait aussi le cocher
et puis la voiture elle aussi immobile
inutile comme une horloge cassée
Et le cheval se taisait
le cheval ne se plaignait pas
le cheval ne hennissait pas
il était là
il attendait
et il était si beau si triste si simple
et si raisonnable
qu'il n'était pas possible de retenir ses larmes

PLACE DU CARROUSEL

Place du Carrousel
toward the end of a beautiful summer's day
the blood of a horse
hit and unhitched
streamed
on the pavement
And the horse was there
standing
still
on three feet
And the other foot hurt
hurt and torn
hung down
Close to him
standing
still
was also the cabby
and then the cab
it also still
useless as a broken clock
And the horse was silent
the horse was not complaining
the horse was not neighing
he was there
he was waiting
and he was so handsome so sad so simple
and so reasonable
it was impossible to hold back the tears

Oh
jardins perdus
fontaines oubliées
prairies ensoleillées
oh douleur
splendeur et mystère de l'adversité
sang et lueurs
beauté frappée
Fraternité.

Oh
lost gardens
forgotten fountains
prairies in sun
oh suffering
splendor and mystery of adversity
blood and flickered light
stricken beauty
Fraternity.

PROMENADE DE PICASSO

Sur une assiette bien ronde en porcelaine réelle
une pomme pose
Face à face avec elle
un peintre de la réalité
essaie vainement de peindre
la pomme telle qu'elle est
mais
elle ne se laisse pas faire
la pomme
elle a son mot à dire
et plusieurs tours dans son sac de pomme
la pomme
et la voilà qui tourne
dans son assiette réelle
sournoisement sur elle-même
doucement sans bouger
et comme un duc de Guise qui se déguise en bec de gaz
parce qu'on veut malgré lui lui tirer le portrait
la pomme se déguise en beau fruit déguisé
et c'est alors
que le peintre de la réalité
commence à réaliser
que toutes les apparences de la pomme sont contre lui
et
comme le malheureux indigent
comme le pauvre nécessiteux qui se trouve soudain à la
     merci de n'importe quelle association bienfaisante
     et charitable et redoutable de bienfaisance de
     charité et de redoutabilité

PICASSO'S PROMENADE

On a very round plate of real porcelain
an apple poses
face to face with it
a painter of reality
vainly tries to paint
the apple as it is
but
the apple won't allow it
the apple
it has its word to say about it
and several tricks in its bag of apples
the apple
and there it is turning
on its real plate
artfully on itself
blandly without budging
and like a *Duc de Guise* who disguises himself as a gas duct
because they want to draw his portrait against his will
the apple disguises itself as a beautiful fruit in disguise
and it's then
that the painter of reality
begins to realize
that all the appearances of the apple are against him
and
like the unfortunate pauper
like the poor pauper who finds himself suddenly at the
    mercy of no matter what benevolent and charitable
    and redoubtable association of benevolence charity
    and redoubtability

le malheureux peintre de la réalité
se trouve soudain alors être la triste proie
d'une innombrable foule d'associations d'idées
Et la pomme en tournant évoque le pommier
le Paradis terrestre et Ève et puis Adam
l'arrosoir l'espalier Parmentier l'escalier
le Canada les Hespérides la Normandie la Reinette et
    l'Api
le serpent du Jeu de Paume le serment du Jus de Pomme
et le péché originel
et les origines de l'art
et la Suisse avec Guillaume Tell
et même Isaac Newton
plusieurs fois primé à l'Exposition de la Gravitation
    Universelle
et le peintre étourdi perd de vue son modèle
et s'endort
C'est alors que Picasso
qui passait par là comme il passe partout
chaque jour comme chez lui
voit la pomme et l'assiette et le peintre endormi
Quelle idée de peindre une pomme
dit Picasso
et Picasso mange la pomme
et la pomme lui dit Merci
et Picasso casse l'assiette
et s'en va en souriant
et le peintre arraché à ses songes
comme une dent
se retrouve tout seul devant sa toile inachevée
avec au beau milieu de sa vaisselle brisée
les terrifiants pépins de la réalité.

the unfortunate painter of reality
then suddenly finds himself the sad prey
of a numberless crowd of associations of ideas
and the apple turning evokes the apple tree
the earthly Paradise and Eve and then Adam
a watering-can a trellis Parmentier a stairway
Canadian Hesperidian Norman apples Reinette apples and
	Appian apples
the serpent of the Tennis Court and the Oath of Apple Juice
and original sin
and the origins of art
and Switzerland with William Tell
and even Isaac Newton
several times prizewinner at the Exhibition of Universal
	Gravitation
and the dazed painter loses sight of his model
and falls asleep
it's just then that Picasso
who's going by there as he goes by everywhere
every day as if at home
sees the apple and the plate and the painter fallen asleep
What an idea to paint an apple
says Picasso
and Picasso eats the apple
and the apple tells him Thanks
and Picasso breaks the plate
and goes off smiling
and the painter drawn from his dreams
like a tooth
finds himself all alone again before his unfinished canvas
with right in the midst of his shattered china
the terrifying pips of reality.

LANTERNE MAGIQUE DE PICASSO

Tous les yeux d'une femme joués sur le même tableau
Les traits de l'être aimé traqué par le destin sous la fleur
    immobile d'un sordide papier peint
L'herbe blanche du meurtre dans une forêt de chaises
Un mendiant de carton éventré sur une table de marbre
Les cendres d'un cigare sur le quai d'une gare
Le portrait d'un portrait
Le mystère d'un enfant
La splendeur indéniable d'un buffet de cuisine
La beauté immédiate d'un chiffon dans le vent
La folle terreur du piège dans un regard d'oiseau
L'absurde hennissement d'un cheval décousu
La musique impossible des mules à grelots
Le taureau mis à mort couronné de chapeaux
La jambe jamais pareille d'une rousse endormie et la
    très grande oreille de ses moindres soucis
Le mouvement perpétuel attrapé à la main
L'immense statue de pierre d'un grain de sel marin
La joie de chaque jour et l'incertitude de mourir et le
    fer de l'amour dans la plaie d'un sourire
La plus lointaine étoile du plus humble des chiens
Et salé sur une vitre le tendre goût du pain
La ligne de chance perdue et retrouvée brisée et
    redressée parée des haillons bleus de la nécessité
L'étourdissante apparition d'un raisin de Malaga sur
    un gâteau de riz
Un homme dans un bouge assommant à coups de rouge
    le mal du pays
Et la lueur aveuglante d'un paquet de bougies

PICASSO'S MAGIC LANTERN

All the eyes of a woman in one picture
The loved one's fate-tracked features under a still flower of
    sordid painted paper
The white weed of murder in a forest of chairs
A cardboard beggar disembowelled on a marble table
The ashes of a cigar on a station platform
The portrait of a portrait
The mystery of a child
The undeniable splendor of a kitchen sideboard
The immediate beauty of a rag in the wind
The mad terror of the trap in the eye of a bird
The absurd whinnying of a gored horse
The impossible music of a mule in bell harness
The bull put to death crowned with hats
A sleeping redhead's forever-changing leg and the very big
    ear of the least of her worries
Perpetual movement caught by a hand
The immense stone statue of a grain of sea salt
The joy of every day and the uncertainty of dying and the
    iron of love in the wound of a smile
The humblest dog's furthest star
And salty on a pane of glass the tender taste of bread
The line of chance lost and found broken and straightened
    bedecked in the blue rags of necessity
The astounding apparition of a Malaga grape on a rice cake
A man in a dive killing his homesickness with shots of red
    wine
And the blinding gleams of a bundle of candles

Une fenêtre sur la mer ouverte comme une huître
Le sabot d'un cheval le pied nu d'une ombrelle
La grâce incomparable d'une tourterelle toute seule
    dans une maison très froide
Le poids mort d'une pendule et ses moments perdus
Le soleil somnambule qui réveille en sursaut au milieu
    de la nuit la Beauté somnolente et soudain éblouie
    qui jette sur ses épaules le manteau de la cheminée
    et l'entraîne avec lui dans le noir de fumée masquée
    de blanc d'Espagne et vêtue de papiers collés
Et tant de choses encore
Une guitare de bois vert berçant l'enfance de l'art
Un ticket de chemin de fer avec tous ses bagages
La main qui dépayse un visage qui dévisage un paysage
L'écureuil caressant d'une fille neuve et nue
Splendide souriante heureuse et impudique
Surgissant à l'improviste d'un casier à bouteilles ou d'un
    casier à musique comme une panoplie de plantes
    vertes vivaces et phalliques
Surgissant elle aussi à l'improviste du tronc pourrissant
D'un palmier académique nostalgique et désespérément
    vieux beau comme l'antique
Et les cloches à melon du matin brisées par le cri d'un
    journal du soir
Les terrifiantes pinces d'un crabe émergeant des dessous
    d'un panier
La dernière fleur d'un arbre avec les deux gouttes d'eau
    du condamné
Et la mariée trop belle seule et abandonnée sur le divan
    cramoisi de la jalousie par la blême frayeur de ses
    premiers maris

A window on the ocean opened like an oyster

A horse's shoe a parasol's nude foot

The incomparable grace of a turtle-dove all alone in a very
   cold house

The dead weight of a pendulum and its lost moments

The somnambulist sun which wakes Sleeping Beauty with a
   start in the middle of the night and sudden dazzle
   throws over her shoulders the hood of the fireplace and
   trails it after her in the smoke black masked with Spanish
   white and dressed in wallpaper

And so many other things

A wooden green guitar rocking the infancy of art

A railroad ticket with all its baggage

A hand that displaces a face that disfigures a landscape

The caressing squirrel of a nude green girl

Splendid smiling happy and immodest

Springing up all of a sudden from a bottle-rack or from a
   music rack like a panoply of green plants forever alive
   and phallic

It also springing up all of a sudden from the rotting trunk

Of an academic palm nostalgic and despairingly old beautiful
   as antiquity

And the melon bells of morning broken by the cry of an
   evening paper

The terrifying pincers of a crab emerging from under a basket

And a tree's last flower with a condemned man's last two
   drops of water

And the bride too beautiful alone and abandoned by her first
   husband's pale fright upon the crimson couch of jealousy

147

Et puis dans un jardin d'hiver sur le dossier d'un trône
une chatte en émoi et la moustache de sa queue
sous les narines d'un roi
La chaux vive d'un regard dans le visage de pierre d'une
vieille femme assise près d'un panier d'osier
Et crispées sur le minium tout frais du garde-fou d'un
phare tout blanc les deux mains bleues de froid d'un
Arlequin errant qui regarde la mer et ses grands
chevaux dormant dans le soleil couchant et puis
qui se réveillent les naseaux écumants les yeux
phosphorescents affolés par la lueur du phare et ses
épouvantables feux tournants
Et l'alouette toute rôtie dans la bouche d'un mendiant
Une jeune infirme folle dans un jardin public qui
souriant d'un sourire déchiré mécanique en berçant
dans ses bras un enfant léthargique trace dans la
poussière de son pied sale et nu la silhouette du père
et ses profils perdus et présente aux passants son
nouveau-né en loques Regardez donc mon beau
regardez donc ma belle ma merveille des merveilles
mon enfant naturel d'un côté c'est un garçon et de
l'autre c'est une fille tous les matins il pleure mais
tous les soirs je la console et je les remonte comme
une pendule
Et aussi le gardien du square fasciné par le crépuscule
La vie d'une araignée suspendue à un fil
L'insomnie d'une poupée au balancier cassé et ses grands
yeux de verre ouverts à tout jamais
La mort d'un cheval blanc la jeunesse d'un moineau
La porte d'une école rue du Pont-de-Lodi

And then in a winter garden on the back of a throne an
     agitated female cat and the moustache of its tail under
     the nostrils of a king
The quicklime of a look in the stone face of an old woman
     seated by a wicker basket
And shrivelled on the fresh redlead of a guardrail of an all-
     white lighthouse the two hands blue with cold of a
     wandering harlequin who looks at the sea and its tall
     horses sleeping in the setting sun and then awakens the
     foaming nostrils the phosphorescent eyes maddened by the
     lighthouse's flashing rays and its terrifying turning fires
And roast lark in a beggar's mouth
A sick young madwoman in a public garden who smiling a
     torn mechanical smile while rocking a lethargic child in
     her arms traces in the dust with her dirty naked foot the
     silhouette of the father and his lost profiles and presents
     to the passersby her newborn baby in rags Look look
     my handsome my beautiful my wonder of wonders my
     natural child on one side a boy and on the other a girl
     every morning he cries but every evening I console her
     and I rewind them like a clock
And also the park guard fascinated by the twilight
A spider's life suspended on a thread
The insomnia of a white doll with broken balance and its big
     glass eyes open forever and ever
The death of a white horse the youth of a sparrow
The door of a school in the Rue du Pont-de-Lodi

Et les Grands Augustins empalés sur la grille d'une
        maison dans une petite rue dont ils portent le nom
Tous les pêcheurs d'Antibes autour d'un seul poisson
La violence d'un œuf la détresse d'un soldat
La présence obsédante d'une clef cachée sous un
        paillasson
Et la ligne de mire et la ligne de mort dans la main
        autoritaire et potelée d'un simulacre d'homme obèse
        et délirant camouflant soigneusement derrière les
        bannières exemplaires et les crucifix gammés drapés
        et dressés spectaculairement sur le grand balcon
        mortuaire du musée des horreurs et des honneurs
        de la guerre la ridicule statue vivante de ses petites
        jambes courtes et de son buste long mais ne
        parvenant pas malgré son bon sourire de Caudillo
        grandiose et magnanime à cacher les irrémédiables et
        pitoyables signes de la peur de l'ennui de la haine
        et de la connerie gravés sur son masque de viande
        fauve et blême comme les graffiti obscènes de la
        mégalomanie gravés par les lamentables
        tortionnaires de l'ordre nouveau dans les urinoirs
        de la nuit
Et derrière lui dans le charnier d'une valise
        diplomatique entrouverte le cadavre tout simple d'un
        paysan pauvre assailli dans son champ à coups
        de lingots d'or par d'impeccables hommes d'argent
Et tout à côté sur une table une grenade ouverte avec
        toute une ville dedans
Et toute la douleur de cette ville rasée et saignée à
        blanc

And the *Grands Augustins* impaled on the iron grill of a house
     in a little street which bears their name
All the fishermen of Antibes around a single fish
The violence of an egg a soldier's distress
The obsessive presence of a key hidden under a doormat
And the line-of-sight and the line-of-death in the plump
     authoritarian hand of a likeness of a delirious fat man
     camouflaged carefully behind exemplary banners and
     swastikad crucifixes draped and set-up spectacularly on
     the great mortuary balcony of the museum of horrors
     and honors of war the ridiculous living statue of his
     little short legs and long bust not succeeding in hiding in
     spite of his so grandiose and magnanimous Generalissimo
     smile the irremediable and pitiable signs of fear of bore-
     dom of hate and of shitstupidity engraved on his mask of
     fawn-colored cadaverous meat like the obscene graffiti of
     megalomania engraved by the lamentable torturers of the
     new order in the urinals of night
And behind him in the charnel house of a half-open diplomatic
     pouch the very simple cadavre of a poor peasant assailed
     in his field by volleys of gold ingots from impeccable men
     of money
And close-by on a table an open grenade with a whole town
     inside
And all the woe of this razed and bled-white town

Et toute la garde civile caracolant tout autour
    d'une civière
Où rêve encore un gitan mort
Et toute la colère d'un peuple amoureux travailleur
    insouciant et charmant qui soudain éclate
    brusquement comme le cri rouge d'un coq égorgé
    publiquement
Et le spectre solaire des hommes aux bas salaires qui
    surgit tout sanglant des sanglantes entrailles d'une
    maison ouvrière tenant à bout de bras la pauvre
    lueur de la misère la lampe sanglante de Guernica
    et découvre au grand jour de sa lumière crue et
    vraie les épouvantables fausses teintes d'un monde
    décoloré usé jusqu'à la corde vidé jusqu'à la moelle
D'un monde mort sur pied
D'un monde condamné
Et déjà oublié
Noyé carbonisé aux mille feux de l'eau courante du
    ruisseau populaire
Où le sang populaire court inlassablement
Intarissablement
Dans les artères et dans les veines de la terre et dans
    les artères et dans les veines de ses véritables
    enfants
Et le visage de n'importe lequel de ses enfants dessiné
    simplement sur une feuille de papier blanc
Le visage d'André Breton le visage de Paul Éluard
Le visage d'un charretier aperçu dans la rue
La lueur du clin d'œil d'un marchand de mouron
Le sourire épanoui d'un sculpteur de marrons

And all the *guardia civile* capering around a stretcher
Where a dead gypsy still dreams
And all the anger of a loving hardworking carefree and
    charming people that suddenly bursts out brusquely like
    the red cry of a cock whose throat is slit in public
And the solar specter of low-salaried men surging forth all
    bloody with bloody guts from a workers' house holding
    at arms' length the poor glimmer of misery the bloody
    lamp of Guernica and discovering in the full day of its
    raw true light the frightful false tints of a discolored
    world worn threadbare bone-weary
Of a world dead on its feet
Of a world condemned
And already forgotten
Drowned charred in the thousand fires of the running water
    of the common flood
Where the common blood flows inexhaustibly
In the arteries and in the veins of the earth and in the arteries
    and in the veins of its true children
And the face of no matter which of its children drawn simply
    on a sheet of white paper
The face of André Breton the face of Paul Eluard
The face of a wagondriver seen in the street
The flicker of the flick of an eye of a flowerseller
The open smile of a chestnut sculptor

Et sculpté dans le plâtre un mouton de plâtre
frisé bêlant de vérité dans la main d'un berger
de plâtre debout près d'un fer à repasser
A côté d'une boîte à cigares vide
A côté d'un crayon oublié
A côté des Métamorphoses d'Ovide
A côté d'un lacet de soulier
A côté d'un fauteuil aux jambes coupées par la fatigue
des années
A côté d'un bouton de porte
A côté d'une nature morte où les rêves enfantins d'une
femme de ménage agonisent sur la pierre froide
d'un évier comme des poissons suffoquant et
crevant sur des galets brûlants
Et la maison remúee de fond en comble par les pauvres
cris de poisson mort de la femme de ménage
désespérée tout à coup qui fait naufrage soulevée
par les lames de fond du parquet et va s'échouer
lamentablement sur les bords de la Seine dans les
jardins du Vert-Galant
Et là désemparée elle s'assoit sur un banc
Et elle fait ses comptes
Et elle ne se voit pas blanche pourrie par les souvenirs
et fauchée comme les blés
Une seule pièce lui reste une chambre à coucher
Et comme elle va la jouer à pile ou face avec le vain
espoir de gagner un peu de temps
Un grand orage éclate dans la glace à trois faces
Avec toutes les flammes de la joie de vivre
Tous les éclairs de la chaleur animale

And sculptured in plaster a kinky plaster sheep bleating with
   truth in the hand of a plaster shepherd standing near a
   flatiron
Next to an empty box of cigars
Next to a forgotten pencil
Next to Ovid's metamorphoses
Next to a shoelace
Next to an armchair with legs worn down by the wear and
   tear of years
Next to a door bell
Next to a still life where a cleaningwoman's infantine dreams
   expire on the cold stone of a sink like fish suffocating
   and dying on burning stones
And the house stirred to its foundations by the poor deadfish
   cries of the cleaningwoman suddenly despairing ship-
   wrecked heaved-up by the floor's groundswells and
   running herself aground lamentably on the banks of the
   Seine in the gardens of the Vert Galant
And there cast-up disabled she sits on a bench
And she takes stock
And she doesn't see herself white and rotted by memories and
   mowed down like corn
A single room is left her a bedroom
And just as she's going to play heads-or-tails with the vain
   hope of gaining a little time
A great storm bursts in the three-faced mirror
With all the flames of the joy of life
All the flashes of animal warmth

Toutes les lueurs de la bonne humeur
Et donnant le coup de grâce à la maison désorientée
Incendie les rideaux de la chambre à coucher
Et roulant en boule de feu les draps au pied du lit
Découvre en souriant devant le monde entier
Le puzzle de l'amour avec tous ses morceaux
Tous ses morceaux choisis choisis par Picasso
Un amant sa maîtresse et ses jambes à son cou
Et les yeux sur les fesses les mains un peu partout
Les peids levés au ciel et les seins sens dessus dessous
Les deux corps enlacés échangés caressés
L'amour décapité délivré et ravi
La tête abandonnée roulant sur le tapis
Les idées délaissées oubliées égarées
Mises hors d'état de nuire par la joie et le plaisir
Les idées en colère bafouées par l'amour en couleur
Les idées terrées et atterrées comme les pauvres rats
    de la mort sentant venir le bouleversant naufrage
    de l'Amour
Les idées remises à leur place à la porte de la chambre
    à côté du pain à côté des souliers
Les idées calcinées escamotées volatilisées désidéalisées
Les idées pétrifiées devant la merveilleuse indifférence
    d'un monde passionné
D'un monde retrouvé
D'un monde indiscutable et inexpliqué
D'un monde sans savoir-vivre mais plein de joie de vivre
D'un monde sobre et ivre
D'un monde triste et gai
Tendre et cruel

All the gleams of good humor
And giving a deathblow to the disoriented house
Sets fire to the bedroom curtains
And rolling the sheets at the foot of the bed into a ball of fire
Uncovers smiling before the whole world
The jigsawpuzzle of love with all its pieces
All its choice pieces chosen by Picasso
A lover his mistress her heels around his neck
And the eyes on the buttocks the hands a little everywhere
Feet raised to the sky and breasts upside down
The two bodies enlaced interchanged caressed
Love beheaded rescued ravished
The head abandoned rolling on the rug
Ideas abandoned forgotten miscarried
Rendered harmless by pleasure and joy
Ideas in anger baffled by love in color
Ideas grounded and astounded like the poor rats of death
        sensing the coming of the overwhelming shipwreck of
        Love
Ideas put back in their place at the door of the room next to
        bread next to shoes
Ideas calcified conjured-away volatized dis-idealized
Ideas petrified before the marvelous indifference of an
        impassioned world
Of a world refound
Of a world indisputable and unexplained
Of a world without knowledge of how to live but full of the
        joy of living
Of a world sober and drunk
Of a world sad and gay
Tender and cruel

Réel et surréel
Terrifiant et marrant
Nocturne et diurne
Solite et insolite
Beau comme tout.

Real and surreal
Terrifying and funny
Nocturnal and diurnal
Usual and unusual
Handsome as hell.